ViDAS CiENTÍFiCAS

Ana Codeseda

Ilustraciones de

Celia López Bacete

ANAYA

A todas mis víctim... esto... a todos mis alumnos
y alumnas. Seguid enseñándome siempre.

ADIVINA
QUIÉN SOY

Juguemos a un juego. Es muy sencillo: yo te doy algunas pistas y tú intentas adivinar mi identidad. ¿Te animas? Pues empecemos.

Estoy compuesta de muchas cosas. Estoy repleta de tesón, de paciencia, de capacidad de observación, de ingenio, de ideas felices y, ¿por qué negarlo?, de accidentes afortunados. Sin embargo, ante todo, estoy hecha de preguntas. Soy yo quien te susurra «¿por qué?» cuando te detienes a observar el funcionamiento de la naturaleza, la inmensidad del universo… o simplemente tu microondas. Soy maestra de los «¿cómo?», de los «¿cuándo?», y de los «¿cuánto?».

Me muestro bajo muchas máscaras: las matemáticas, la física, la astronomía, la química, la geología, la biología… Todas son parte esencial de mí (aunque reconozco que algunas imponen más que otras). Todas ellas me conforman como distintas caras de un mismo poliedro.

A lo largo y ancho del planeta, la humanidad me ha otorgado infinidad de nombres. Agham, sayansi, vitenskap, vísindi… Tengo que admitir con toda sinceridad que algunos me gustan más que otros. Por ejemplo, elm me parece una monada, tan sencillito y sonoro. Pero ¿qué me dices de znanosti?

En fin… ¿Ya me has descubierto? El nombre con el que tú me conoces es ciencia. ¡Y estoy aquí para presentarte a alguien!

Desde que en las mentes humanas se encendió la chispa de la curiosidad, he tenido cientos de miles de admiradores. Asúmelo, soy muy, muy popular. Algunos de mis fans simplemente disfrutan leyendo sobre mí, o descubriéndome desde la comodidad de su sofá a través de vídeos de divulgación y documentales. Otros se esfuerzan por comprenderme en profundidad desde las aulas de todo el mundo. La verdad es que me halaga mucho su perseverancia, sé que a veces me pongo difícil...

Pero hay quien va más allá. Mucho más allá. Hay quien se enamora de mí hasta el punto de dedicarme su vida. Para algunas de estas personas, dedicarse a la ciencia ha supuesto un reto especialmente arduo. Muchas científicas, por el hecho de ser mujeres, se vieron obligadas a luchar por recibir una buena educación, por tener la oportunidad de investigar e incluso por que sus aportaciones fueran valoradas de la misma forma que las de los hombres.

Me apena que estas mujeres que tanto me han aportado sean hoy en día tan poco conocidas. Es por ello por lo que he decidido pedirles que ellas mismas te cuenten su relación conmigo. Sigue leyendo, verás que estás en muy buenas manos…

ÍNDICE VISUAL

JOCELYN BELL BURNELL
Una astrofísica explorando
el universo

10

WANGARI MAATHAI
La activista: árboles,
justicia y paz

12

ADA YONATH
La química curiosa
por naturaleza

14

LYNN MARGULIS
Una bióloga
excepcional

16

MARIE THARP
La cartógrafa
de lo invisible

26

KATSUKO SARUHASHI
La protectora
del Pacífico

28

MARY LEAKEY
La exploradora de la
historia

30

RITA LEVI MONTALCINI
La dama
de la neurona

32

REBECCA LANCEFIELD
La microbióloga paciente

42

ALICE BALL
Una química y farmacéutica
contra la enfermedad de Hansen

44

MARJORY STONEMAN DOUGLAS
La gran dama
de los Everglades

46

JOAN BEAUCHAMP PROCTER
Una herpetóloga
valiente

48

NETTIE STEVENS
Una genetista
entre cromosomas

58

MARY ANNING
Una vida
entre fósiles

60

MARIE ANNE VICTOIRE
GILLAIN BOIVIN
Una sabia ginecóloga

62

MARIA SIBYLLA MERIAN
Una artista
natural

64

GEORGINA MACE
UNA ECÓLOGA PROTECTORA DE ESPECIES

En tu opinión, ¿cuál es el valor económico de un paseo por la espesura del bosque en otoño? ¿Y el de admirar el vuelo preciso de un halcón en libertad? ¿Es posible traducir todo lo que los ecosistemas aportan a la humanidad a euros, libras, dólares…? Yo no lo creo, pero pienso que son servicios que deben ser valorados y reconocidos. Me llamo Georgina Mace y dediqué mi carrera a luchar por el medioambiente con uñas, dientes… y ciencia.

Nací en Londres en 1953. Mi deseo de comprender la naturaleza en profundidad me llevó a licenciarme en Zoología en la Universidad de Liverpool y doctorarme después en Ecología Evolutiva en 1979 por la Universidad de Sussex. Trabajé primero en el instituto Smithsonian, y en 1984 regresé a Inglaterra para incorporarme al Instituto de Zoología de la Sociedad Zoológica de Londres (el cual, por cierto, llegué a dirigir).

El problema que más me alarmaba como ecóloga era la pérdida de biodiversidad. Desde 1963 se usa la llamada Lista Roja de Especies Amenazadas, un inventario que recoge especies en riesgo de extinción a escala global con el objetivo de alertar sobre su situación y promover medidas de conservación. No obstante, tenía un grave problema: las especies se incluían en la lista mediante propuestas de expertos en lugar de datos, lo que resultaba subjetivo y poco fiable. Junto con el biólogo Russell Lande elaboré una propuesta para establecer criterios científicos objetivos, basados en evidencias. Hoy en día son los que se utilizan y han convertido la Lista Roja en una herramienta objetiva muy útil para tomar decisiones.

En los siguientes años tomé parte en muchos otros estudios. Uno de los más relevantes fue la Evaluación del Milenio, encargada por la ONU para investigar el estado de los ecosistemas. Los resultados fueron contundentes: las actividades humanas estaban impactando de forma irreversible sobre la mayoría de sistemas naturales, así que advertimos a todas las naciones de la necesidad de hacer cambios profundos en nuestras sociedades. Fallecí de un cáncer en 2020, pero fui testigo del inicio de estas transformaciones. ¡Ojalá lleguen a ser una realidad antes de que sea demasiado tarde!

JOCELYN BELL BURNELL

UNA ASTROFÍSICA EXPLORANDO EL UNIVERSO

De niña, mi padre solía traerme libros de su biblioteca. Encontraba los de astronomía especialmente cautivadores. ¡Había tanto por descubrir más allá de nuestra atmósfera! Agujeros negros, galaxias, nebulosas, cuásares... No obstante, ¿cómo podemos comprender objetos que se encuentran a una distancia tan descomunal de la Tierra que hasta la luz tarda siglos en recorrerla?

Soy Jocelyn Bell Burnell y me dedico a la astrofísica. Nací en 1943, en Belfast. Mi padre era un gran aficionado a la lectura y desde pequeña tuve acceso a todo tipo de libros. Como los de física y astronomía se habían convertido en mis favoritos, en la universidad estudié Ciencias Naturales y al terminar me mudé a Cambridge para trabajar en mi doctorado junto con Antony Hewish, un célebre astrofísico especializado en radioastronomía.

Con él y su equipo me encargué de la construcción de un nuevo radiotelescopio. Era un aparato gigantesco que nos permitiría captar algunos tipos de radiación que nuestros ojos no pueden detectar. En concreto, íbamos a la caza de la radiación emitida por los cuásares, un fenómeno relacionado con los agujeros negros que se habían descubierto poco antes.

Un día detecté algo extraño revisando los registros de mi radiotelescopio. Era una curiosa señal regular que se repetía cada pocos segundos. ¿Quién o qué habría podido emitir aquello? Al principio pensamos que podía tratarse de un error del aparato, ¡o incluso de una señal procedente de alguna forma de vida inteligente extraterrestre! Pero al profundizar en el análisis llegamos a la conclusión de que lo que yo había detectado era un nuevo tipo de cuerpo celeste nunca antes observado: un púlsar. ¡Había descubierto una estrella de neutrones que gira a gran velocidad!

Desde entonces he continuado mi labor en el ámbito de la astrofísica y he sido reconocida con un buen montón de premios científicos. ¿Quién sabe qué más objetos misteriosos podremos detectar ahí fuera si seguimos construyendo nuevos «ojos» con los que mirar?

WANGARI MAATHAI

LA ACTIVISTA: ÁRBOLES, JUSTICIA Y PAZ

En mi país, las condiciones de vida no cesaban de empeorar. Cada año era necesario desplazarse a mayores distancias para encontrar agua potable. Nuestros niños se morían de hambre. Nuestro entorno estaba tan degradado que cada estación nos proveía de menos recursos que la anterior… ¿Qué podía hacer yo? ¿A quién podía pedir ayuda? Entonces se me ocurrió que existían unos aliados tremendamente poderosos: los árboles.

Me llamo Wangari Muta Maathai y nací en 1940 en un pueblito llamado Ihithe, en Kenia. Estudié en varias escuelas católicas, donde aprendí a hablar inglés con fluidez. Gracias a ello, en 1960 se me presentó una gran oportunidad: recibí una beca para estudiar en los Estados Unidos. Me gradué en Biología en el Mount St. Scholastica College de Kansas y amplié mi formación en la Universidad de Pittsburg y en las universidades alemanas de Giessen y Múnich.

De vuelta en Kenia, formé parte del Departamento de Anatomía Veterinaria de la Universidad de Nairobi, del que en 1975 me convertí en jefa. Fue entonces cuando empecé a interesarme en profundidad por los derechos de las mujeres en África y por la lucha contra la pobreza, así que decidí actuar y, en 1977, fundé el Movimiento Cinturón Verde: una organización que animaba a las mujeres de comunidades necesitadas a plantar árboles en su entorno a cambio de un pequeño sueldo. Los árboles evitan la erosión del suelo, absorben contaminantes, retienen el agua de lluvia y ofrecen madera y alimento. Es decir, que poco a poco regeneran los ecosistemas deteriorados por la acción humana y mejoran las condiciones de vida de quienes los plantaron. Es una buena recompensa, ¿no crees?

Desde aquel momento mi labor como activista fue incansable. ¡Tanto que en 2004 fui reconocida nada menos que con el Premio Nobel de la Paz! Ojalá cada vez más y más personas se den cuenta de que, cuidando nuestra alianza con el medio natural, nos enriquecemos todos.

ADA YONATH

LA QUÍMICA CURIOSA POR NATURALEZA

Para hacer ciencia, lo esencial es tener curiosidad. Por todo. Y créeme, yo he tenido siempre de sobra. Cuando tenía cinco años intenté determinar la altura de nuestro piso y me rompí un brazo en el proceso. En serio.

Mi nombre es Ada Yonath y soy originaria de Israel. Nací en la ciudad de Jerusalén, en 1939. En mi familia nunca sobró el dinero. Mi padre murió cuando yo era una niña y tuve que hacer de todo para poder estudiar: daba clases particulares de matemáticas, cuidaba niños, limpiaba el laboratorio de química... Era

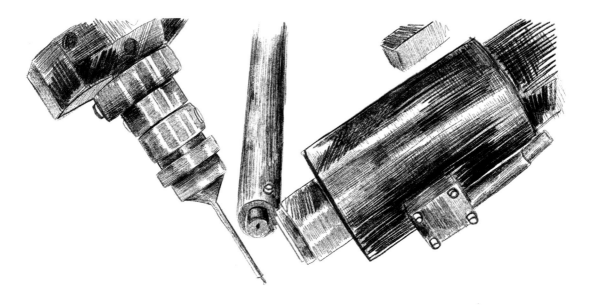

cansado, pero me dio la oportunidad de aprender y desarrollar mis propias investigaciones a escondidas, así que no me quejo.

Empezar mi carrera como investigadora fue maravilloso. ¡De pronto me pagaban por hacer preguntas y buscar respuestas! Me interesé especialmente por algo que entonces parecía imposible: descubrir cómo son y cómo funcionan los ribosomas. Estas pequeñas máquinas moleculares se encargan de decodificar las instrucciones del ADN de las células y usarlas para construir proteínas. Pero ¿cómo era su estructura exactamente? No teníamos ni idea.

Yo soy especialista en una técnica que consiste en crear cristales y observarlos usando rayos X. El problema era que los que hacíamos con ribosomas se rompían con suma facilidad. Pasamos años destrozando cristales hasta que por una combinación de suerte y experiencia desarrollamos la manera de fabricar cristales de ribosomas que aguantaban lo suficiente como para poder observar, por fin, los detalles de su estructura.

Este descubrimiento me valió, entre otros premios, el Nobel de Química en 2009. La verdad, no me importan demasiado los premios, lo que realmente me enorgullece es que mi descubrimiento se puede utilizar para atacar los ribosomas de las bacterias y desarrollar nuevos antibióticos con los que seguir ganando la batalla a las infecciones.

LYNN MARGULIS
UNA BIÓLOGA EXCEPCIONAL

Si te digo la palabra microorganismo, ¿en qué piensas? A lo largo de mi vida encontré a mucha gente que solo los relacionaba con peligros y enfermedades. Para mí, son muchísimo más. Son la vida misma.

Tomemos a las bacterias como ejemplo: son antiquísimas, extremadamente variadas y han colonizado todos los ambientes imaginables. ¿Me crees si te cuento que durante mi vida llevé en mi cartera fotos de mis microorganismos favoritos junto con las de mis hijos?

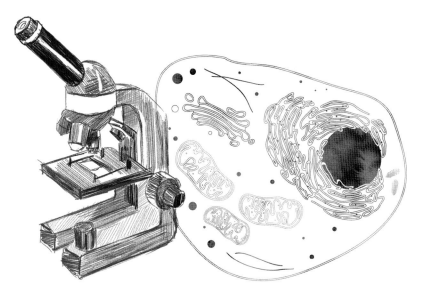

Mi nombre es Lynn Margulis. Nací en 1938 en Chicago, en Estados Unidos, y con solo 16 años fui aceptada en la universidad de mi ciudad. Sentía tal fascinación por el funcionamiento de los seres vivos que decidí estudiar Biología y nunca abandonar las aulas. No es que fuera una mala alumna, sino que, después de licenciarme y de acabar mi doctorado en la Universidad de Berkeley, decidí quedarme como docente y tratar de transmitir a mis estudiantes una pizca del entusiasmo que yo sentía al investigar. Siempre me interesó la divulgación, creo que es esencial dar a conocer al mundo el trabajo que hacemos los científicos y las científicas.

Como investigadora dediqué gran parte de mi vida a desentrañar los misterios del mundo microbiano. Me enorgullece afirmar que fui autora de una teoría revolucionaria: la teoría de la endosimbiosis. Con ella expliqué cómo las primeras células eucariotas se han podido originar a partir de la colaboración con bacterias, las cuales con el paso del tiempo se han transformado en las actuales mitocondrias y cloroplastos.

Igualmente, junto con mi colega Karlene V. Schwartz, propuse una modificación en la clasificación de los cinco reinos de los seres vivos. Gracias a nosotras, el reino protista se amplió para incluir tanto a los protozoos como a las algas unicelulares y pluricelulares, y pasó a llamarse reino de los protoctistas. Mis colegas me han descrito alguna vez como «una señora bajita e inquieta que tiene curiosidad por absolutamente todo». La verdad, me parece un buen resumen.

JANE GOODALL
UNA ETÓLOGA REVOLUCIONARIA

¿Qué dirías que nos hace humanos? ¿Nuestras emociones y personalidades individuales? ¿Nuestra habilidad para fabricar herramientas aprovechando el entorno? ¿Acaso nuestra capacidad para construir sociedades complejas?

He pasado cincuenta años estudiando a los chimpancés salvajes del parque nacional de Gombe Stream, en Tanzania, y puedo asegurarte que, con nuestro trabajo, mi equipo y yo hemos sacudido las bases de lo que considerábamos puramente «humano».

Soy Jane Goodall. No nací en África, sino en Londres, en 1934. Aunque estudié administración, siempre me fascinaron los animales y crecí soñando con ser periodista en África o algo así. Con veintitrés años viajé a Kenia y empecé a trabajar para el célebre paleontólogo Louis Leakey. Fue él quien confió en mí a pesar de que yo no había estudiado en ninguna universidad y me envió a Tanzania con un encargo que me cambiaría la vida: estudiar a los chimpancés en libertad. ¡Y allí desembarqué, llevando conmigo tan solo a mi madre y a un cocinero!

Como yo no tenía formación científica, mi metodología de investigación era diferente a todo lo que se había hecho antes. Por ejemplo, puse nombres como Fifi, Flo o Melissa a los chimpancés que conocí. Descubrí que no son vegetarianos como creíamos, sino que también comen carne, cazan e incluso algunos son caníbales. Observé cómo fabrican y usan palos para cazar termitas. Me fijé en su vida social, sus diferentes personalidades, las guerras que se desencadenan entre grupos, la forma en que se muestran afecto con besos, abrazos y cosquillas...

Mi investigación en Tanzania sigue activa en la actualidad. Junto con mi equipo, he puesto en marcha varios proyectos encaminados a la conservación de los chimpancés de Gombe. También he publicado numerosos libros, artículos científicos y, por supuesto, hemos grabado un buen montón de documentales para cine y televisión así que, si quieres conocernos de cerca, ¡ya sabes dónde encontrarnos!

TU YOUYOU
LA FARMACÓLOGA INCANSABLE

En China las raíces de la medicina se hunden en lo más profundo de nuestra historia. No obstante, ¿tienen cabida los remedios tradicionales en la ciencia moderna?

Mi nombre es Youyou y mi apellido es Tu (en mi país, los apellidos se colocan delante por lo que llámame Tu Youyou). Nací en Ningbó en 1930. Como creía que en la naturaleza debían existir cientos de moléculas que podríamos usar para combatir enfermedades, decidí estudiar Farmacología. Me licencié en el Peking Union Medical College en 1955 y después estudié

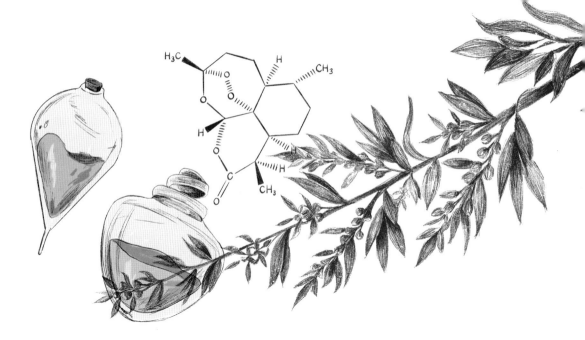

medicina tradicional hasta convertirme en investigadora de la Academia de Ciencias Médicas Tradicionales Chinas.

A finales de los años sesenta, tras la Revolución Cultural, la ciencia en China era perseguida por considerarse contrarrevolucionaria. Muchos equipos se vieron forzados a abandonar sus proyectos, pero para mi sorpresa, a mí me involucraron en una investigación secreta: la Misión 523. En aquella época, Vietnam del Norte estaba en guerra contra Vietnam del Sur y Estados Unidos. Su líder, Ho Chi Min, pidió ayuda a mi país para combatir la malaria, una grave enfermedad tropical que estaba diezmando seriamente sus tropas. Nuestro líder, Mao Zedong, lo consideró un asunto prioritario por lo que excepcionalmente permitió la investigación de algún tipo de cura y organizó la misión.

En 1969 me convertí en la investigadora principal del proyecto. Apliqué el método científico sobre miles de recetas tradicionales hasta dar con la artemisinina, un principio activo que se extrae de la planta de ajenjo dulce. Con él diseñamos un fármaco que probé sobre mí misma arriesgando mi propia vida, afortunadamente con éxito.

Pese a que entonces publiqué mi trabajo de forma anónima, con los años ha sido reconocido y ha permitido salvar miles de vidas en todo el mundo. Por ello, me concedieron, entre otros premios, el Nobel de Medicina en 2015. Me alegra haber demostrado que la medicina tradicional es una valiosa base sobre la que la ciencia moderna puede desarrollar nuevos conocimientos.

ROSALIND FRANKLIN

LA FOTÓGRAFA DEL ADN

Existen infinidad de fenómenos tan ínfimos que eluden el poder de nuestros ojos. Para mí nunca fueron suficiente. Yo aprendí a valerme de los rayos X para explorar lo desconocido.

Me llamo Rosalind Franklin. Nací en Londres en 1920, en el seno de una familia de banqueros. Desde pequeña destaqué en las ciencias así que escogí estudiar Física y Química en la Universidad de Cambridge. En un primer momento a mi padre no le hizo ninguna gracia; menos mal que una de mis

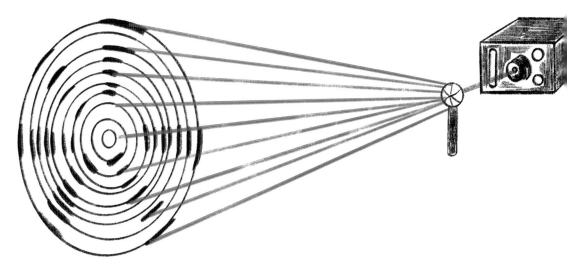

tías me ayudó económicamente y pronto mi padre entró en razón: su hija iba a ser científica, le gustara o no.

En la universidad conocí al profesor William Lawrence Bragg. Años antes, él y su padre habían recibido un Nobel por desarrollar una nueva técnica que permitía utilizar rayos X para observar la distribución de los átomos en un cristal. Era complicadísima, pero abría un mundo de posibilidades que me cautivó. Con los años aprendí y practiqué el método hasta convertirme en una experta a nivel internacional. Incluso mejoré el procedimiento logrando imágenes más nítidas que nunca.

Tras tres años investigando en Francia regresé a Inglaterra en 1951. Conseguí una plaza en el King's College de Londres y comencé a trabajar aplicando mis técnicas de difracción de rayos X para observar el ADN. Una de mis fotografías resultó ser especialmente reveladora, la número 51. Mi compañero de laboratorio Maurice Wilkins, con quien nunca me entendí demasiado, se la mostró sin mi conocimiento a dos amigos suyos: James Watson y Francis Crick. Ellos llevaban años intentando esclarecer la estructura del ADN y mi fotografía les brindó una pista clave para completar su modelo y publicarlo en 1953: la estructura de doble hélice.

Mi participación no fue reconocida en aquel momento, por lo que decidí cambiar de laboratorio y centrarme en estudiar los virus hasta que fallecí en 1958 a causa de un cáncer de ovario. Cuatro años después, Watson, Crick y Wilkins compartieron un Premio Nobel por sus descubrimientos sobre el ADN. Quién sabe... si hubiese estado viva para entonces quizá mi nombre formaría parte de esa lista.

MARJORIE SWEETING
LA GRAN EXPLORADORA DEL KARST

A menudo, mis alumnos y mis alumnas de la universidad me preguntan cómo es que no me da miedo adentrarme en las entrañas de la piedra. En las cuevas, la oscuridad te engulle, el silencio es sobrecogedor, la humedad se pega a la ropa y la pendiente es traicionera por las rocas sueltas... Todo ello es cierto, pero se me antoja un precio pequeño a cambio de poder admirar de primera mano las maravillas del modelado kárstico.

Me llamo Marjorie Sweeting. Nací en Fulham, Inglaterra, en 1920. Mi padre era profesor de Geología en el Imperial Co-

llege de Londres por lo que desde niña le cogí el gusto a dicha ciencia y acabé por licenciarme en Geografía Física en el Newham College de Cambridge, en 1941. A partir de aquel momento pude entregarme a mis dos actividades preferidas: la investigación y la enseñanza. Durante las siguientes décadas compaginé dar clases en la Universidad de Oxford y el St Hugh's College con largas expediciones para estudiar las zonas kársticas más impresionantes del planeta.

Mi pasión por la investigación y las cuevas era tan grande que, en una ocasión, convencí a un compañero recién operado de apendicitis de que la mejor forma de curarse era venir conmigo a hacer espeleología. No hay nada mejor que la combinación de aire fresco, calizas y un poco de investigación para recuperarse de cualquier mal. Cuando el dióxido de carbono atmosférico reacciona con el agua de lluvia, se forma una pequeña cantidad de ácido carbónico. Este compuesto químico tiene la capacidad de disolver las rocas calizas y, a lo largo de miles de años, excavar en ellas verdaderas catedrales de estalactitas, estalagmitas, simas y galerías cuya belleza quita el aliento. A este tipo de paisaje los geólogos lo llamamos karst. Me llamaban tanto la atención que llegué a convertirme en la primera científica occidental en investigar la gran zona kárstica de Guilin, al sur de China.

Hasta mis últimos días organicé excursiones con mis alumnos y mis alumnas para visitar algunas de mis cuevas preferidas. Al fin y al cabo, ¡no podía permitir que se perdieran semejantes maravillas solo por miedo a la oscuridad!

MARIE THARP
LA CARTÓGRAFA DE LO INVISIBLE

Cuando era niña, mi padre trabajaba elaborando mapas para el Departamento de Agricultura de los Estados Unidos. Los dibujaba a mano, con trazos tan meticulosos y delicados que me parecían intrincadas obras de arte. Tanto me fascinaba ese trabajo que también quise dedicar una parte de mi vida a hacer mapas, solo que los míos fueron especiales porque yo cartografié... lo invisible...

Soy Marie Tharp, y nací en Míchigan en 1920. Debo confesar que no siempre quise ser científica. Estudié inglés y música

y me habría dedicado a la literatura, mi gran pasión, si no me hubieran rechazado por ser mujer (cosas de la época). Pero al estallar la Segunda Guerra Mundial, a las chicas nos animaron a estudiar carreras «masculinas» para sustituir a los jóvenes que enviaron al frente. Yo me gradué en Geología en 1944 en la Universidad de Míchigan, y más tarde estudié matemáticas en la Universidad de Tulsa.

Como me gustó la ciencia, en 1948 entré a trabajar en el Laboratorio Geológico Lamont, donde conocí a quien se convertiría en mi gran compañero de investigación: Bruce C. Heese. Juntos recibimos el fascinante encargo de cartografiar por primera vez el fondo de los océanos. Pero, otra vez por ser mujer, no pude viajar en el Vema, nuestro barco oceanográfico (lo dicho, cosas de la época). Así que Bruce, que sí embarcó, me iba enviando los datos que recopilaban y yo, desde mi oficina, los interpretaba y trazaba los mapas.

En 1953, a medida que el fondo del Atlántico tomaba forma bajo mi pluma, noté que justo en el centro parecía abrirse una imponente grieta que lo recorría de norte a sur; como una sutura descomunal. Había descubierto la dorsal mesoatlántica: un inmenso sistema de volcanes fisurales activos que permitió afianzar la revolucionaria teoría de la tectónica de placas litosféricas, ya que la dorsal constituye, precisamente, el límite entre dos de esas placas.

Tras más de 25 años de trabajo, Bruce y yo publicamos, en 1977, el primer mapamundi de los fondos oceánicos, demostrando que allí abajo hay mucho más que las llanuras fangosas que imaginaron nuestros predecesores.

KATSUKO SARUHASHI

LA PROTECTORA DEL PACÍFICO

De pequeña me preguntaba de dónde venía la lluvia que salpicaba la ventana de mi clase. No es sencillo. La atmósfera y los océanos son sistemas que todos compartimos. Las olas, el viento, las nubes o la lluvia no entienden de fronteras, fluyen y nos conectan a nivel global. ¿Y sabes lo preocupante? Que lo mismo ocurre con los contaminantes que se vierten en ellos.

Mi nombre es Katsuko Saruhashi, nací en Tokio, en 1920. No fue fácil, pero tuve la oportunidad de estudiar e ir a la uni-

versidad, por lo que a los 23 años me gradué en la Facultad de Ciencias para Mujeres en la especialidad de Geoquímica.

En los años 50, EE.UU. había estado llevando a cabo ensayos nucleares en archipiélagos del Pacífico norte. El gobierno japonés, preocupado por las consecuencias, nos encargó analizar la contaminación radiactiva en el agua. Para mí fue muy alarmante demostrar que para el año 1964 la radiactividad se había extendido por todo el Pacífico norte y en 1969 ya se podían registrar sus efectos en todo el océano. Me siento orgullosa de que mis primeras investigaciones sobre el tema alentaran a 113 países a firmar en 1963 el «Tratado de prohibición parcial de ensayos nucleares», que restringe estas actividades. Durante las décadas siguientes continué investigando los efectos de la contaminación, especialmente la lluvia ácida.

A lo largo de toda mi carrera me preocupó mejorar la situación de las mujeres en mi gremio. Fui la fundadora de la Sociedad Japonesa de Científicas y del Premio Saruhashi, que desde entonces reconoce a investigadoras destacadas. Para mí, forma parte del camino hacia la paz y el bienestar de la humanidad.

MARY LEAKEY

LA EXPLORADORA DE LA HISTORIA

En Francia hay un lugar sobrecogedor en el que aparecieron cinco esqueletos humanos de 30 000 años de antigüedad. Se conoce como el abrigo de Cro-Magnon. Mi padre me llevó a visitarlo cuando tenía once años. En aquel lugar misterioso fue donde empecé a interesarme por nuestros ancestros.

Me llamo Mary y nací en Londres, en 1913. Mi padre era pintor, de niña viajé con él por toda Europa hasta su muerte en 1926. Mi madre tuvo entonces la brillante idea de enviarme a estudiar a un convento en Inglaterra y... no fue muy bien. Me

expulsaron varias veces hasta que lo dejé. Decidí entonces seguir mi instinto y formarme en arqueología en el University College de Londres. ¡Fue un enorme acierto!

Allí conocí a Louis Leakey. Él, impresionado por mi habilidad para el dibujo, me pidió que ilustrara su nuevo libro. La colaboración fue estupendamente, basta decirte que nos casamos en 1936. Por aquel entonces Louis estaba excavando en el África oriental. Creía firmemente que bajo aquellas tierras se ocultaban nuestros orígenes, así que hice las maletas y me mudé a mi nuevo hogar: la garganta de Olduvai, en Tanzania. Mi labor era coordinar el equipo para lograr que la excavación se realizara con rigor y minuciosidad. ¡No estábamos desenterrando patatas precisamente! A lo largo de los años aportamos un gran número de importantes avances. Por ejemplo, en 1947 hallé un cráneo de *Proconsul africanus*, un raro simio ancestral; en 1959 dimos con los restos de un nuevo homínido, *Paranthropus boisei*, al que apodaron «cascanueces» por su robusta mandíbula; además encontramos fósiles de *Homo habilis* y *Homo erectus*, herramientas líticas, etc.

Tras el fallecimiento de Louis en 1972 me mantuve al pie del cañón, y la recompensa llegó en 1976. En el desierto de Laetoli detectamos las pisadas fosilizadas de al menos dos homínidos bípedos de unos 3,6 millones de años de antigüedad. ¿Puedes imaginar la emoción al verme literalmente cara a cara con los primeros pasos de nuestra evolución? Hoy en día, mis descendientes aún continúan excavando bajo el sol africano, desentrañando golpe a golpe nuestro pasado.

RITA LEVI MONTALCINI
LA DAMA DE LA NEURONA

En mi opinión, si realmente crees en algo tienes que luchar por ello. En mis 103 años de vida tuve que luchar por muchas cosas. Por mi derecho a estudiar, por mi vida, por mi investigación... No puedo decir que siempre saliera victoriosa, pero creo que sí gané las suficientes batallas como para hacer una gran contribución a la medicina y a la sociedad.

Me llamo Rita Levi Montalcini. Nací en Italia, en la ciudad de Turín, en 1909. En mi juventud tuve que convencer a mi padre de que no tenía ningún interés en dedicar mi vida a

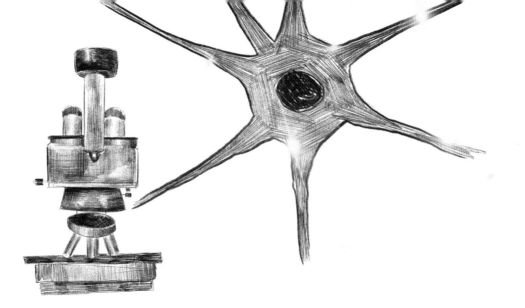

casarme y tener hijos. Lo que realmente deseaba era estudiar medicina y ayudar a otras personas. ¡Y eso hice! Trabajé en panaderías para pagarme la carrera y en 1936 me gradué en la especialidad de Neurología y Psiquiatría.

La cosa se torció en 1943. Nos vimos obligados a huir. Mi familia era judía y por tanto perseguida por el régimen nazi, cuya influencia se extendía por Europa. Escapamos primero de Turín a Bélgica. Luego de vuelta a Italia, a Piamonte, y por último a Florencia hasta que concluyó la II Guerra Mundial. Yo no podía permitirme interrumpir mi investigación, que estaba muy avanzada, así que durante esta época trabajé en secreto montando laboratorios clandestinos.

Me interesaba especialmente el modo en que se desarrolla el sistema nervioso. ¿Cómo saben las neuronas cuándo reproducirse? Al finalizar la guerra me invitaron a trabajar unos meses en la Universidad de Washington, así que hice las maletas y me llevé mi trabajo a EE.UU., donde acabé pasando 30 años y logré aislar junto con mi colega Stanley Cohen el NFG: el factor de crecimiento neuronal. Esta es la proteína que da la orden a las neuronas de reproducirse y por su descubrimiento nos concedieron el Premio Nobel de Medicina en 1986. Durante toda mi vida defendí que hombres y mujeres tenemos la misma capacidad intelectual y, por tanto, podemos contribuir de igual forma al avance de la humanidad. Espero que algún día mi trabajo pueda usarse para curar enfermedades nerviosas como el Alzheimer o la demencia. Toda mi lucha habrá merecido la pena.

MARGARET MEE
LA ILUSTRADORA DEL AMAZONAS

Deja que te proponga un ejercicio de imaginación. Conjura en tu mente la exuberante espesura de la selva amazónica: la humedad, el clamor de las aves, el crepitar de los insectos… Oculto en sus entrañas imagina un raro cactus, *Selenicereus Wittii,* que durante una única noche produce la llamada flor de la luna, fragante y efímera como ninguna otra. ¿No sería fascinante pintar una flor así?

Me llamo Margaret Mee. Nací en 1909 en Chesham, Inglaterra, y la verdad es que en mi juventud lo que me interesó

realmente fue la pintura. Como tenía buenas aptitudes me convertí en profesora de artes y pasé unos años enseñando en Liverpool. Después viví una temporada en Berlín, me casé, me divorcié y, mientras la Segunda Guerra Mundial convulsionaba el mundo, trabajé como delineante en la fábrica de aviones De Havilland.

Al finalizar la guerra, mi vida dio un vuelco. En 1952 mi segundo marido, Greville, y yo decidimos mudarnos a Brasil. Aquello era tan diferente a la Europa de posguerra...

Enseguida caí bajo el embrujo del Amazonas. Me fascinaban los tonos saturados de las orquídeas, el exotismo de las bromelias... Emprendía expediciones a pie o en canoa para plasmar con *gouache* el sinfín de plantas que componen la selva tal y como crecen en su medio natural, como hermosas piezas de un todo inconmensurable tristemente amenazado por la minería y la deforestación.

Durante tres décadas ilustré cientos de especies, algunas desconocidas para la ciencia. Exploré zonas remotas pidiendo consejo a los guías locales y a las comunidades indígenas, cuyo conocimiento del terreno no tenía rival. No obstante, había una flor que esquivaba una y otra vez mis pinceles… la misteriosa flor de la luna. Fue en 1988 cuando finalmente lo logré. Imagíname a mis 78 años, subida en el techo de mi canoa, pintando a la luz de una linterna para no dañar la flor. ¡Fui la primera persona en lograrlo! Aquellas horas únicas fueron mi recompensa a tantos años de tesón. O cabezonería. Probablemente ambos.

RACHEL CARSON
LA VOZ DE LA CONCIENCIA MEDIOAMBIENTAL

Hubo una época en que la humanidad se sentía aislada de la naturaleza. Diferente. Especial. Con nuestro rápido desarrollo tecnológico parecíamos haber declarado la guerra a nuestro entorno natural. No éramos conscientes de que las víctimas también seríamos los seres humanos. En mi opinión, todo está conectado. Nada existe de forma aislada en el planeta. Ni siquiera nuestra especie. Mi nombre es Rachel Carson y soy una de las personas que ayudaron a la humanidad a abrir los ojos a esta realidad.

Nací en Estados Unidos en 1907, en una zona rural de Pensilvania llamada Springdale. Pasé mi infancia leyendo y escribiendo historias sobre animales y sobre el océano. Por eso, creo que a nadie le sorprendió que más tarde estudiara Biología en la Universidad para Mujeres de Pensilvania y en 1935 entrara a trabajar en la Administración de Pesca y Vida Salvaje. Fue entonces cuando empecé a publicar folletos y libros sobre biología marina, mi especialidad. La verdad, tuvieron bastante éxito.

No obstante, no fueron aquellos libros los que dejarían una huella imborrable en la opinión de mis lectores, sino uno que vio la luz años más tarde, en 1962. Se titulaba *Primavera silenciosa*. En él escribí acerca de los pesticidas que estábamos usando para proteger nuestros cultivos, especialmente una sustancia llamada DDT. Advertí de sus efectos contaminantes y expliqué que es tóxico para muchos animales, especialmente para las aves. Intentaba transmitir cómo deteriorar el medioambiente también tiene efectos negativos sobre nuestra salud. Y eso no parece muy inteligente, ¿verdad?

Primavera silenciosa se considera uno de los libros de divulgación científica más influyentes de la historia. Con su publicación ayudé a conseguir que en mi país se prohibieran sustancias como el DDT. Mi voz fue una de las que impulsaron el nacimiento del movimiento ecologista. Con un poco de suerte, seguirá contribuyendo a que cada vez más personas se den cuenta de que los seres humanos somos simplemente un hilo más en el intrincado tejido de la naturaleza.

ELSIE WIDDOWSON

LA LUCHADORA CONTRA LA DESNUTRICIÓN

¿Cómo podemos asegurarnos de que comemos todos los nutrientes necesarios para garantizar una buena salud? Puede parecerte un asunto sencillo, pero... ¿y cuando a tu alrededor estalla una gran guerra? ¿O si vivieras en una región tan pobre que apenas pudieras conseguir comida?

Me llamo Elsie Widdowson y junto con Robert McCance he invertido más de sesenta años en investigar las respuestas a estas preguntas. Nací en 1906 en Inglaterra y estudié Quími-

ca en el Imperial College de Londres. Supongo que mi interés por la composición de los alimentos empezó allí, en mi época de estudiante en el laboratorio de bioquímica, donde dediqué un año a analizar la fisiología y la química de las manzanas. En serio.

En 1933 me surgió la oportunidad de investigar en la cocina del hospital de San Bartolomé junto con un joven médico, Robert McCance, que sería mi socio profesional. Me especialicé en dietética y elaboré nuevas tablas sobre composición de alimentos. Así logré identificar que el pan, las patatas y las coles son los que contienen en mayor cantidad los nutrientes fundamentales para nuestro organismo. Todo esto nos fue extremadamente útil cuando en 1939 estalló la Segunda Guerra Mundial y en Inglaterra no tuvimos más remedio que racionar la comida. Mi socio y yo llegamos a experimentar sobre nosotros mismos para elaborar cuidadosamente una dieta que mantuviera a los soldados en buenas condiciones a pesar de la escasez.

Cuando acabó la guerra, viajé por Europa ayudando a personas que padecían desnutrición. Y desde allí me trasladé a Uganda, donde contribuí a demostrar que la malnutrición y la desnutrición en la infancia pueden dejar secuelas para toda la vida. En 1973 volví a Inglaterra para seguir investigando y allí, entre otros muchos reconocimientos, me nombraron presidenta de la Fundación Británica de Nutrición.

Me gusta pensar que mis estudios fueron pioneros en la lucha contra el hambre en el mundo. ¡Y pensar que todo empezó analizando manzanas!

GERTY CORI

LA QUÍMICA DE LAS CÉLULAS

¿Has imaginado alguna vez de qué está hecho tu cuerpo? Es la suma de tus órganos, formados por tejidos variados, compuestos por células, ellas mismas ensambladas a partir de todo tipo de moléculas. ¿Cómo funcionaremos a ese nivel tan minúsculo? Eso me preguntaba yo.

Soy Gerty Cori. Nací en 1896 en Praga, que hoy forma parte de la República Checa. Desde adolescente sentí curiosidad por la salud, así que me esforcé para aprobar a los 18 años el examen de acceso a la Facultad de Medicina de la Universi-

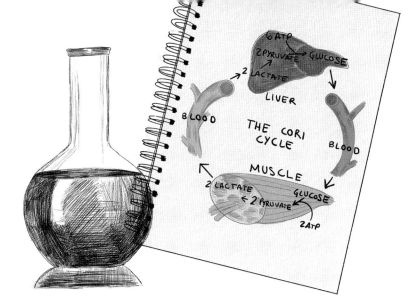

dad de Praga. Allí, en clase, conocí a Carl Ferdinand Cori. Yo aún no lo sabía, pero aquel chico de frente altísima no solo se convertiría en mi marido, sino también en el compañero con quien investigaría el resto de mi vida.

En 1920, una vez me casé y obtuve mi doctorado, nos trasladamos a Viena. Yo me uní al equipo de pediatría del Children's Carolinen's Hospital mientras que Carl trabajaba en un laboratorio. Lamentablemente, la estabilidad no duró. La I Guerra Mundial había dejado a Europa arrasada de miseria, hambre y miedo. Solo dos años después, en 1922, tomamos la decisión de emigrar y probar suerte en Estados Unidos.

Sinceramente, allí tampoco encontré un camino de rosas. Carl y yo estábamos investigando el metabolismo de las células, pero a pesar de que él siempre defendió mi talento y experiencia, los centros de investigación eran reacios a conceder puestos relevantes a mujeres. Durante años me vi abocada a cobrar mucho menos que él, pese a trabajar y publicar juntos. Afortunadamente, mi tesón acabó dando resultados. En 1943, la Escuela de Medicina de la Universidad de Washington se dignó a ofrecerme un puesto como profesora asociada, y en 1947, como titular. Por fin.

Y eso no es todo, aquel mismo año nos concedieron nada menos que un Premio Nobel por nuestro descubrimiento más relevante: el «ciclo de Cori». Es el mecanismo de circulación cíclica de la glucosa y el lactato entre el músculo y el hígado. ¡Gracias a ello me convertí en la primera mujer reconocida con un nobel de Fisiología o Medicina!

REBECCA LANCEFIELD

LA MICROBIÓLOGA PACIENTE

Me resulta curioso plantearme que lo que acabe con la vida de una persona pueda ser algo minúsculo, una amenaza invisible a nuestros ojos, unos seres aparentemente tan simples, tan biológicamente rudimentarios... y no obstante dotados de armas capaces de doblegar incluso a soldados. Por supuesto, estoy hablando de las bacterias patógenas. Mi nombre es Rebecca Lancefield y dediqué mi vida a desvelar cómo son y cómo podemos defendernos de ellas.

Nací en 1895 en Nueva York, pero crecí cambiando a menudo de ciudad y acabé estudiando en una universidad femenina cerca de Boston, el Wellesley College. Aunque al principio cursé estudios de inglés y francés, no tardé en interesarme por las ciencias. Fue gracias a mi compañera de habitación, que estudiaba zoología. Sus asignaturas me llamaban más la atención que las mías y acabé por cambiarme

Cuando me gradué, trabajé unos años como profesora de ciencias y matemáticas en un internado femenino y ahorré para continuar mis estudios de bacteriología en la Columbia University de Nueva York. Fue allí donde empecé a trabajar en los laboratorios y donde me marqué el gran objetivo de mi carrera: conocer y clasificar todos los tipos de estreptococos que existen en la naturaleza.

A pesar de que en aquel momento no era muy frecuente ver mujeres investigando en los laboratorios, yo trabajé en diversos centros y publiqué artículos con científicos de gran prestigio como Hans Zinsser o Charles W. Metz. Ellos valoraban la minuciosidad y la paciencia con la que yo me enfrentaba a la inmensa tarea que me había propuesto. ¡Siempre he opinado que no hay nada que no pueda conseguirse con suficiente esfuerzo!

Durante mi vida cultivé e investigué más de cien cepas diferentes de estreptococos y usé mis resultados para fabricar sueros eficaces contra las infecciones que provocan. Gracias a mí, estas pequeñas invasoras se cobran cada día menos víctimas.

ALICE BALL

UNA QUÍMICA Y FARMACÉUTICA CONTRA LA ENFERMEDAD DE HANSEN

Mi abuelo era fotógrafo. Empleaba una de las primeras técnicas fotográficas que se desarrollaron: el daguerrotipo. Se trataba de un proceso químico complejo y delicado que me fascinaba observar. Qué leyes regirían aquellas misteriosas reacciones que permitían capturar maravillosas imágenes.

Soy Alice Ball. Nací en Estados Unidos, en Seattle, allá por 1892, pero para mis estudios universitarios me trasladé a

Washington donde me gradué en Química y Farmacia. Cuando terminé me ofrecieron becas en varias universidades, incluidas la de Berkeley y la de Hawái, donde finalmente decidí ir a estudiar un máster en Química. Fui la primera mujer y la primera afroamericana en conseguir un máster en Química en el College of Hawaii. Al terminar, me ofrecieron un puesto como profesora, así que también me convertí en la primera mujer y la primera afroamericana en dar clases de química allí.

En 1916 vino a verme un cirujano llamado Harry T. Hollmann. Trabajaba en el hospital de Kalihi tratando enfermos de lepra y tenía un problema con el que pensaba que podría ayudarle. En el tratamiento de la enfermedad se estaba utilizando aceite de un árbol llamado chaulmoogra. Al aplicarlo sobre la piel de los enfermos aliviaba ligeramente los síntomas. Sin embargo, no podía inyectarse fácilmente para aumentar su efecto, ya que el aceite no era soluble en agua.

¡Y ahí es donde entraba yo en juego! En mis ratos libres después de dar clase encontré la forma de purificar los principios activos del aceite de chaulmoogra y en menos de un año creé una solución acuosa que sí podía inyectarse a los pacientes para contener la enfermedad.

Lamentablemente no viví para ver mi método aplicado. Fallecí con solo 24 años por culpa de los gases tóxicos que inhalaba en el laboratorio. Sin embargo, mis inyecciones se utilizaron durante más de veinte años hasta que se desarrollaron los primeros antibióticos y miles de enfermos en todo el mundo mejoraron gracias al «método Ball».

MARJORY STONEMAN DOUGLAS

LA GRAN DAMA DE LOS EVERGLADES

Hay una zona al sur de Florida conocida como Everglades. Básicamente, es una enorme extensión pantanosa en la que hay demasiado barro como para acampar o hacer senderismo, con hordas de mosquitos y con una humedad asfixiante. Entonces, ¿por qué molestarse en conservarla?

Me llamo Marjory Stoneman Douglas. Nací en 1890 en Minnesota, Estados Unidos. Como se me daba bien la literatura y me interesaban temas como el feminismo y los derechos civiles me convertí en periodista y escritora.

En 1940 mi editor me planteó un encargo que definió mi vida. Aparentemente era el trabajo más aburrido del mundo; se suponía que tenía que escribir un artículo sobre el río Miami que, sinceramente, se me antojaba muy poco impresionante. ¿Quién me iba a decir que, cuando me pusiera a investigar la zona, descubriría los Everglades?

Lo que a simple vista parecía un simple pantano era en realidad un gran río que fluía lentamente entre la hierba. Servía de base a un ecosistema único en el mundo, de cuyas aguas dependían los pueblos y las ciudades de la región. Y estaba al borde de la desaparición.

Los incendios, las plantaciones de caña de azúcar y los planes para drenar la zona y construir en ella estaban acabando con el funcionamiento natural del ecosistema.

Supe que tenía que actuar. En lugar de trabajar sobre el río Miami pedí a mi editor escribir sobre los Everglades. Así, en 1947 publiqué el libro *Everglades: río de hierba*, en el que explicaba el enorme valor ecológico de la zona, en una época en que el movimiento ambientalista aún no había comenzado y casi nadie se preocupaba por esas cosas. Mi obra tuvo un gran impacto y sirvió para que la población comenzara a concienciarse de la necesidad de proteger el humedal. Un tiempo más tarde, cuando ya tenía 79 años, me pidieron liderar el grupo «Amigos de los Everglades», que sigue activo hoy en día velando por la restauración del ecosistema. Mi perseverancia hizo que me apodaran «La gran dama de los Everglades». Tengo que reconocer que me encanta.

JOAN BEAUCHAMP PROCTER

UNA HERPETÓLOGA VALIENTE

Los reptiles son criaturas incomprendidas. Todos pensaban que algún día mis dragones de Komodo, los cocodrilos o las serpientes a las que cuidaba me harían daño. ¡Menuda tontería! Los animales siempre fueron encantadores conmigo. A mí lo único que me hizo daño fue la enfermedad intestinal con la que tuve que lidiar toda mi vida.

Me llamo Joan Beauchamp Procter. Nací en 1889, en Londres, y desde niña sentí afinidad por los reptiles. De pequeña mi mascota favorita era un lagarto dálmata que incluso se sentaba a la mesa con mi familia. Y con dieciséis años me cayó una buena bronca por sacar a una cría de cocodrilo de mi bolsa en medio de una clase de matemáticas. No estoy bromeando.

Por culpa de mi enfermedad no pude ir a la universidad, pero aquel contratiempo no me frenó. El padre de mi amigo Edward Boulenger se dio cuenta de mi habilidad y me invitó a trabajar con él en el British Museum, donde se encargaba de los reptiles y peces. A pesar de no tener estudios universitarios, allí me convertí en una reconocida herpetóloga y publiqué numerosos artículos científicos acerca de la anatomía, comportamiento y clasificación de lagartos, tortugas, serpientes...

Como me había convertido en una especialista de fama internacional, cuando en 1923 Edward Boulenger fue nombrado director del nuevo acuario del zoológico de Londres, me pidió que fuera a trabajar con él. ¡Y me convertí en veterinaria de reptiles! Hice numerosos avances en el diagnóstico y tratamiento de enfermedades en estos animales e incluso tuve la oportunidad de diseñar el primer edificio construido expresamente para ellos en todo el mundo: la Casa de Reptiles.

Siento decir que mi vida no fue muy larga. Poco a poco mi enfermedad fue ganándome la partida. No obstante, hasta mis últimos días me gustó pasear por el zoo acompañada de un dragón de Komodo. Estoy segura de que conseguí mostrar a los visitantes la cara más amable y desconocida de estos depredadores.

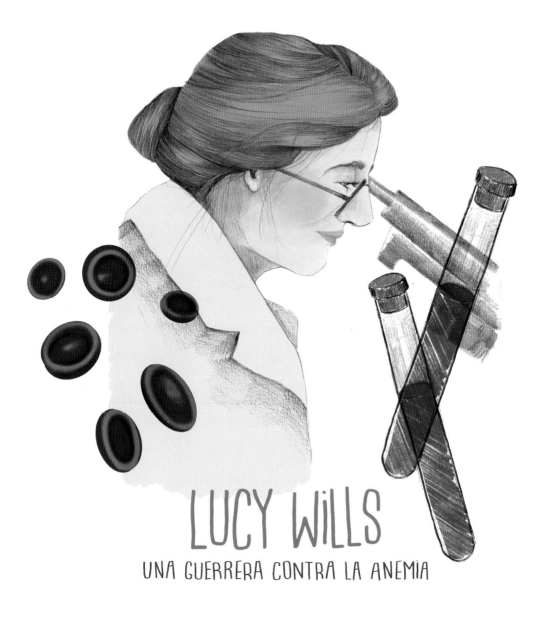

LUCY WILLS
UNA GUERRERA CONTRA LA ANEMIA

¿Sabes cuál ha sido la idea más feliz que he tenido en toda mi carrera? Dar Marmite a un mono desnutrido. El Marmite es un alimento típico de mi país, Inglaterra. Es una especie de crema para untar que se fabrica con extracto de levadura y que se obtiene como subproducto en la fabricación de cerveza. Puede parecerte un experimento tonto, pero sus resultados han salvado la vida de miles de mujeres. ¿No me crees? Deja que te cuente.

Soy Lucy Wills. Nací en 1888 en Royal Sutton Coldfield y me licencié en Botánica y en Geología en 1911 por la Universi-

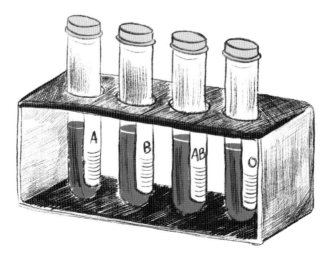

dad de Cambridge. Antes de que me diera tiempo a dedicarme en profundidad a estas ciencias, el estallido de la I Guerra Mundial me llevó a trabajar como enfermera voluntaria en Sudáfrica y allí descubrí mi verdadera vocación: la medicina

Regresé a Londres para estudiar en la London School of Medicine for Women y logré licenciarme en 1920. Me fascinaba especialmente la hematología, la rama que estudia la sangre y sus componentes, así que en vez de dedicarme a atender enfermos, preferí concentrarme en la investigación

Entre 1928 y 1933 trabajé en Bombay, estudiando una enfermedad conocida como anemia macrocítica que causaba muchas muertes entre mujeres embarazadas. Mi equipo y yo habíamos llegado a la conclusión de que existía una relación entre la alimentación de las mujeres y el desarrollo de la anemia, así que empecé a experimentar en busca de algún alimento eficaz para contrarrestar la enfermedad.

Entre mis muchas pruebas se me ocurrió dar Marmite a un mono en estado particularmente grave. ¡Nuestra sorpresa fue mayúscula cuando el animal se recuperó en pocos días! Como no sabía qué componente del Marmite era el responsable de combatir la anemia, lo llamé simplemente «factor Wills». Gracias a mis avances, hoy en día sabemos que mi «factor Wills» es la vitamina B9, el ácido fólico, y hemos aprendido a prevenir eficazmente la anemia administrándoselo a las mujeres embarazadas.

iNGE LEHMANN

LA DOMADORA DE TERREMOTOS

Lo normal en mi época era que quienes se dedicaban a la geología se preguntasen por aquello que veían: la superficie terrestre. Yo, en cambio, pensaba que ante nuestros ojos solo se revela una minúscula parte del planeta, y me preguntaba cómo podríamos conocer de qué materiales está hecha la inmensa parte oculta bajo nuestros pies.

Mi nombre es Inge Lehmann. Nací en Copenhague, Dinamarca, en 1888. En mi juventud tuve suerte, ya que acudí a

uno de los pocos institutos de secundaria en que a las chicas se nos enseñaba lo mismo que a cualquier varón. ¡Y menos mal! Fue en aquella época cuando descubrí que las ciencias me apasionaban y decidí continuar mi educación universitaria estudiando matemáticas y, ¡claro!, sismología, la ciencia que estudia los terremotos.

Cuando terminé mi formación, me surgió la oportunidad de colaborar en las investigaciones de varios geólogos de prestigio. Me fue muy bien porque en 1928 me nombraron jefa del Departamento de Sismología en el Real Instituto Geodésico danés, que acababa de ser creado.

Allí estudiábamos el comportamiento de los terremotos. Sabíamos que, cuando se producen, su energía se propaga en forma de ondas que recorren las rocas sacudiéndolas a su paso. Algunas de estas ondas provocan violentas vibraciones en la superficie que derriban edificios. En cambio, otras, que son casi imperceptibles para las personas, viajan distancias enormes a través del interior terrestre. Las llamamos ondas P y las podemos «domesticar» para que nos ayuden a intuir cómo es el interior del planeta.

En 1936 publiqué mi descubrimiento más relevante. Al medir la velocidad de propagación de las ondas P me había dado cuenta de algo sorprendente: a unos 5100 km de profundidad, en pleno núcleo terrestre, había una zona en que estas ondas aceleraban extrañamente. Esto demostraba que, al contrario de lo que creíamos hasta entonces, el núcleo está dividido en un núcleo externo líquido que ya conocíamos y otro interno sólido a través del cual las ondas P pueden viajar más deprisa. Ese límite que descubrí sigue llevando mi nombre: discontinuidad de Lehmann. ¡Es un gran honor para una sismóloga!

MARY AGNES CHASE
LA BOTÁNICA LUCHADORA

¿Sabes lo que es la agrostología? Apuesto a que no te suena de nada. Deja que te explique, es una rama de la botánica que se especializa en el estudio de las plantas herbáceas. Pueden parecerte poca cosa, pero te aseguro que es un grupo que cuenta con miles de especies capaces de conformar inmensas praderas y pastos por todo el planeta. ¿Que cómo lo sé? Yo misma me dediqué a recopilarlas y clasificarlas. La agrostología es mi especialidad.

Me llamo Mary Agnes Chase. Nací en Illinois, en Estados Unidos en 1869. Tuve que trabajar desde muy joven, así que no pasé de la educación obligatoria. Sin embargo, en mis ratos libres me gustaba recolectar plantas y dibujarlas. Esto llamó la atención de un botánico, Ellsworth J. Hill, quien me contrató para ilustrar las especies que estudiaba. Él fue el primero en darse cuenta de que mi talento iba mucho más allá del dibujo y me instruyó en las habilidades necesarias para investigar.

En mi opinión, durante mi vida logré al menos tres grandes hazañas. Una de ellas fue publicar en 1922 mi trabajo más relevante, el *Primer libro de las gramíneas*. En él recopilé los resultados de muchos años de investigación y, con el tiempo, se convirtió en un referente para los botánicos y las botánicas de todo el mundo. La segunda fue realizar largos viajes a México, Brasil, Venezuela y Europa visitando herbarios y recorriendo largas distancias para recopilar más de 20 000 plantas hasta entonces desconocidas. Y la tercera de mis hazañas fue formar parte del movimiento sufragista en mi país. En aquella época a las mujeres se nos limitaba la educación y no se nos permitía votar en las elecciones. Creo en la igualdad entre hombres y mujeres así que, además de encargarme personalmente de ayudar a las estudiantes interesadas en la botánica, formé parte de un grupo de protesta llamado Centinelas Silenciosas. ¡Incluso me encarcelaron por ello! Pero, a pesar de las dificultades, en 1920 logramos nuestro objetivo y las mujeres estadounidenses pudimos votar por primera vez. Fue una conquista histórica que inspiró movimientos similares en otros países. No está mal para una simple experta en gramíneas, ¿no crees?

FLORENCE BASCOM

UNA PIONERA «ENTRE ROCAS»

¿Quién me iba a decir a mí cuando empecé a estudiar ciencias que me iban a acabar interesando tanto las rocas? No es fácil apreciar la geología. Yo misma no lo hice desde el principio porque las rocas me parecían inmóviles e inmutables. ¡Hasta que descubrí que experimentan sorprendentes transformaciones! Unas veces, de forma explosiva; otras, tan lentamente que, al estudiarlas, nos revelan historias de un

pasado remoto que apenas podemos imaginar. ¡Es como tener una máquina del tiempo bajo los pies!

Bueno, me presentaré. Me llamo Florence Bascom. Nací en 1867 en Williamstown, Estados Unidos, y, créeme, tuve muchísima suerte. Entonces las niñas teníamos verdaderos problemas para acceder a la educación. Como mis padres creían firmemente en la igualdad entre hombres y mujeres, me animaron desde pequeña a estudiar. En la universidad empecé formándome en Letras y Artes pero, al terminar, mi padre me convenció para probar las Ciencias. ¡Y vaya si acertó! Acabé sacándome un máster en Geología y, más tarde, me convertí en la primera mujer en lograr un doctorado en la John Hopkins University.

No pienses que fue fácil. A las mujeres no se nos trataba igual que a los varones en el aula y a menudo tenía que sentarme aparte o incluso detrás de una pantalla para no «distraerlos». Por razones como esa, más tarde decidí compaginar mi trabajo de investigación sobre rocas volcánicas y sedimentarias con la enseñanza de la mineralogía y la cristalografía en diversas escuelas. Como profesora podía cambiar la forma en que se educaba y animar a otras chicas a estudiar geología. Puedo decir con orgullo que di clases a muchos hombres y mujeres que después hicieron aportaciones valiosas a la ciencia.

¡Qué cosas! Por lo visto, fui una pionera: la primera doctora de mi universidad, la primera mujer contratada por el Servicio Geológico de mi país, la primera mujer en presentar un artículo científico ante la Sociedad Geológica de Washington y la primera mujer que formó parte de dicha sociedad. Supongo que el término «pionera» me va perfecto.

NETTIE STEVENS
UNA GENETISTA ENTRE CROMOSOMAS

Al observar células a través de un microscopio, casi nunca resulta sencillo interpretar las reglas que rigen su comportamiento. ¿Cómo algo tan aparentemente simple como un cigoto decide si al desarrollarse dará lugar a un macho o a una hembra? A principios del siglo XX, aquel era un gran misterio que yo, Nettie Maria Stevens, contribuí a esclarecer.

Nací en Vermont, Estados Unidos, en 1861. De niña demostré ser una alumna brillante, así que anhelaba ir a la universidad.

Dado que mi familia no disponía de los medios económicos, pasé años trabajando como profesora y bibliotecaria, ahorrando yo misma la suma necesaria. Finalmente, en 1896 logré matricularme en la Universidad de Stanford. ¡Tenía ya 35 años y no había tiempo que perder! En apenas siete años obtuve mi licenciatura, viajé a Europa para mejorar como investigadora y me doctoré en el Bryn Mawr College de Filadelfia.

Fue allí donde empecé a colaborar con uno de los grandes genetistas de mi época: Thomas Hunt Morgan, quien más tarde sería galardonado con el Premio Nobel. Trabajar con él me dio la oportunidad de profundizar en el misterio de la determinación del sexo. ¿De qué dependía, de las condiciones ambientales o de los cromosomas heredados de los progenitores?

Observando más de 50 especies diferentes de invertebrados, especialmente escarabajos y pulgones, me di cuenta de que los machos producen dos tipos de espermatozoides: unos contienen el cromosoma X y otros el Y, de menor tamaño. En 1905 publiqué un trabajo en que explicaba que, de forma coherente con las leyes de Mendel, los cromosomas debían funcionar por parejas. Estas son siempre del mismo tamaño excepto en un caso: los cromosomas X e Y, de los cuales depende la determinación del sexo. Ese mismo año, mi colega del Byrn Mawr College, Edmund B. Wilson, publicó unos resultados similares a los míos citando mis estudios como fuente de inspiración. Gracias a nosotros, el misterio quedó finalmente resuelto.

Mi carrera como investigadora fue tristemente breve debido a que con solo 50 años fallecí de un cáncer de mama. ¿Quién sabe qué otros enigmas genéticos hubiera logrado desentrañar si hubiera tenido un poco más de tiempo?

MARY ANNING
UNA VIDA ENTRE FÓSILES

La costa alrededor de mi casa es traicionera. Las rocas se desmoronan fácilmente y a lo largo de mi vida vi caer tanto a mi padre como a mi perro Tray. Aun así exploré aquellos acantilados hasta conocerlos mejor que nadie. ¿Por qué correr el riesgo, te preguntarás? ¡Por los fósiles! La zona se conoce como «costa jurásica» porque está sembrada de restos de criaturas ancestrales. ¡Y nadie ha sabido encontrarlos y extraerlos mejor que yo!

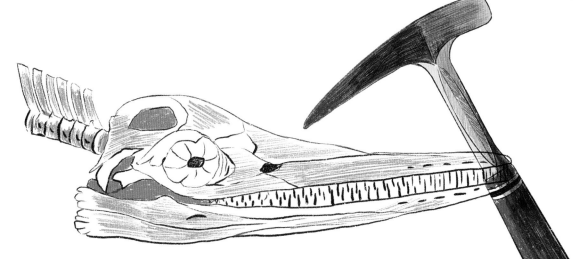

Soy Mary Anning. Nací en 1799 en Lyme Regis, en la costa sur de Inglaterra. Nuestra familia era muy pobre. Oficialmente mi padre era ebanista, aunque le entusiasmaba buscar fósiles en la costa que después vendía para completar sus ingresos. Mi hermano Joseph y yo solíamos ayudarlo. Gracias a ello, cuando nuestro padre murió, pudimos salir adelante instalando nuestro propio puesto en que vendíamos fósiles a los turistas. Yo solo tenía once años, pero nos las ingeniamos para sobrevivir.

Un día mi hermano encontró en la playa un extraño cráneo de una especie de cocodrilo. Al año siguiente yo misma hallé el resto del esqueleto. Cuando los científicos lo examinaron resultó ser un reptil acuático prehistórico hasta entonces desconocido: un ictiosaurio. ¡Era una niña de doce años y ya había descubierto una nueva especie!

Joseph se cansó pronto de las largas jornadas a la intemperie y se hizo aprendiz de tapicero. Yo, en cambio, continué excavando, preparando y vendiendo fósiles a turistas, científicos y coleccionistas. A pesar de las penurias económicas, mi fama fue en aumento. Logré montar mi propia tienda, en la que me visitaban clientes procedentes de toda Europa e incluso América. No solo apreciaban la excepcionalidad de mi mercancía, sino también mis extensos conocimientos sobre las especies y mis consejos.

Lamentablemente, al ser una mujer, mis aportaciones fueron publicadas por los hombres que analizaron mis fósiles sin siquiera mencionarme. Solo cuando estaba moribunda me hicieron miembro honorario de la Sociedad Geológica de Londres. En fin, algo es algo, supongo. Me consuela que con el paso de los siglos mi legado haya sido valorado por fin.

MARIE ANNE VICTOIRE GILLAIN BOIVIN

UNA SABIA GINECÓLOGA

¿Crees que nacer es fácil? Piénsalo un momento. En nuestro primer paso hacia el mundo hay mil piedras con las que tropezar. Una hemorragia en el útero, un posicionamiento incorrecto del feto, una infección, un fallo en el desarrollo embrionario... y fin. Nunca probarás el chocolate, ni verás el mar, ni leerás este texto... Nunca existirás.

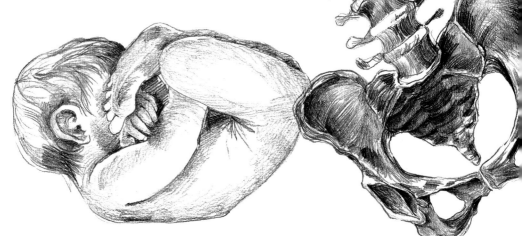

Me llamo Marie Anne Victoire Gillain Boivin y dediqué mi carrera a intentar resolver el sinfín de problemas que pueden darse durante el embarazo. Nací en un suburbio parisino en 1773. Las monjas de un convento en Étampes me educaron y me enseñaron las bases de la medicina hasta que, durante la Revolución francesa, el lugar fue destruido. Afortunadamente, mi talento había llamado la atención de Isabel de Francia, la hermana menor del rey Luis XVI, quien me dio la oportunidad de estudiar anatomía y formarme como partera.

En 1800 comencé a trabajar en la maternidad del hospital de Versalles, donde mi habilidad para diagnosticar y resolver casos complicados pronto me granjeó el respeto de mis colegas de profesión. A lo largo de mi carrera convencí a uno de los ministros de Napoleón para que fundara una escuela de partería en París, formé parte de diversas sociedades médicas e incluso fui directora de varios de los hospitales en que trabajé.

A medida que fui profundizando en el campo de la ginecología recopilé mis métodos y conocimientos en varios manuales que escribí, ilustré y coloreé yo misma. Para mi alegría, han sido traducidos a multitud de idiomas, ¡y algunos se han usado durante más de un siglo! Asimismo inventé algunos instrumentos, como un nuevo tipo de pelvímetro y un espéculo vaginal. También fui una de las primeras personas en usar el estetoscopio para auscultar el latido del feto.

Pese a que tuve una vida modesta, especialmente durante los últimos años en que me vi sumida en la pobreza, sé que mi perseverancia y creatividad han facilitado que muchos bebés lleguen al mundo de forma segura para ellos y para sus madres. Si lo piensas, es una recompensa generosa.

MARIA SiBYLLA MÉRIAN

UNA ARTISTA NATURAL

Los delicados nervios que recorren las hojas, la variedad de formas y colores en los pétalos de las flores, el patrón punteado en las alas de una mariposa. ¿Te has fijado en ellos alguna vez? Yo lo veo. Lo veo todo.

Me llamo Maria Sibylla Merian, nací en 1647 en Fráncfort, Alemania. Era una época en la que a las mujeres no se nos permitían muchas cosas, entre ellas vender cuadros pintados

con óleo. Por eso, mi padrastro en su taller de pintura me enseñó a dominar las acuarelas.

En mi juventud me especialicé en pintar y vender láminas de flores. A menudo encontraba insectos sobre ellas y en esos casos no podía resistir la tentación de pintarlos también junto a las plantas que les sirven de hogar y alimento.

Sus diminutas vidas me llamaban profundamente la atención. Especialmente en el caso de las orugas. ¿Cómo no sentir curiosidad por unos animales capaces de transformarse de tal modo? Observé a estos insectos con tal detalle que pude retratarlos en todas las fases de su vida: el huevo, la oruga, la pupa y, finalmente, al concluir la metamorfosis, la espectacular mariposa. Fue aquel interés lo que me llevó a tomar una increíble decisión en 1699. Entonces vivía en Ámsterdam, donde había fundado mi propio taller de pintura con mis dos hijas tras separarme de mi marido. Allí me habían mostrado algunos especímenes de mariposas disecadas que no había visto nunca. Puede que te parezca extraño viniendo de una mujer de mi época, pero yo no podía conformarme con estudiar ejemplares disecados y deseaba investigar aquellos insectos vivos. Así que con la única compañía de mi hija pequeña me embarqué rumbo a Surinam, al otro lado de la inmensidad del Atlántico. Pasamos dos años allí, investigando y pintando, antes de regresar a nuestro taller de Ámsterdam. A la vuelta, yo misma publiqué mis láminas y mis observaciones en un libro que se vendió por toda Europa. Y eso no es todo, hoy en día nueve especies de mariposas, dos de escarabajos y seis plantas llevan mi nombre.

HACIA DELANTE

Vaya, parece que ya has tenido oportunidad de conocer a todas las científicas que quería presentarte. ¿Qué tal ha ido? ¿No son fantásticas? Me impresiona pensar en las cosas que han sido capaces de hacer por mí, por la ciencia. Como has visto, estas mujeres han explorado cuevas, se han adentrado en el corazón de la selva, han experimentado sobre sí mismas para mejorar la vida de otras personas, han llevado a cabo misiones secretas, han ensayado en laboratorios clandestinos, han viajado de una punta a otra del planeta…

Y no son precisamente las únicas. No quiero saturarte presentándote de golpe a toda mi legión de admiradores, pero son muchísimos los científicos y las científicas de todas las partes del mundo que me han dedicado y las me dedican su esfuerzo. Gracias a estas personas sigo creciendo y avanzando cada día, imparable. ¿Quién sabe hasta dónde me harán llegar? Tengo muchísima curiosidad.

¿Me acompañas?

1640

1647
MARIA SIBYLLA
MERIAN
UNA ARTISTA NATURAL

1700

1773
MARIE ANNE VICTOIRE
GILLAIN BOIVIN
UNA SABIA GINECÓLOGA

1779
MARY ANNING
UNA VIDA ENTRE FÓSILES

1861
NETTIE STEVENS
UNA GENETISTA ENTRE CROMOSOMAS

1862
FLORENCE BASCOM
UNA PIONERA «ENTRE ROCAS»

1800

1869
MARY AGNES CHASE
LA BOTÁNICA LUCHADORA

1888
INGE LEHMANN
LA DOMADORA DE TERREMOTOS

1889
JOAN BEAUCHAMP PROCTER
UNA HERPETÓLOGA VALIENTE

LUCY WILLS
UNA GUERRERA CONTRA LA ANEMIA

1890
MARJORY
STONEMAN DOUGLAS
LA GRAN DAMA DE LOS EVERGLADES

1892
ALICE BALL
UNA QUÍMICA Y FARMACÉUTICA CONTRA
LA ENFERMEDAD DE HANSEN

1895
REBECCA LANCEFIELD
LA MICROBIÓLOGA PACIENTE

1900

1896
GERTY CORI
LA QUÍMICA DE LAS CÉLULAS

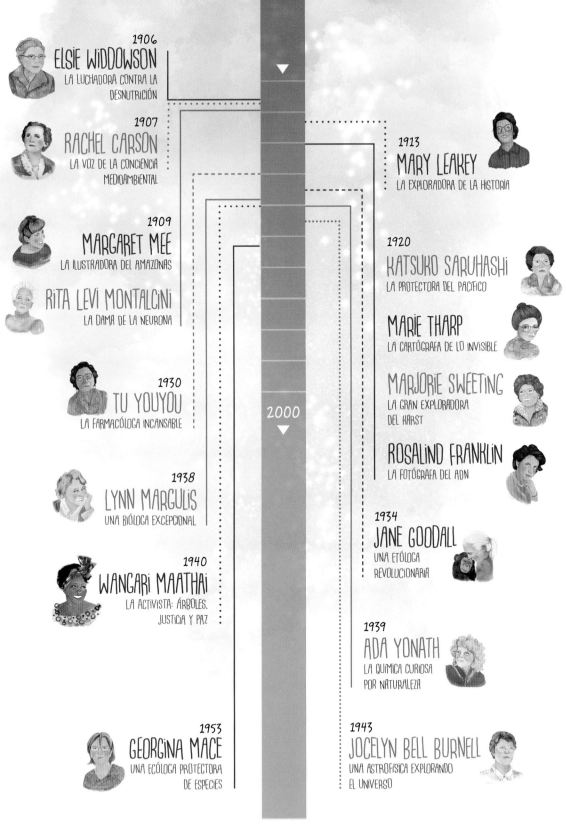

1906
ELSIE WIDDOWSON
LA LUCHADORA CONTRA LA
DESNUTRICIÓN

1907
RACHEL CARSON
LA VOZ DE LA CONCIENCIA
MEDIOAMBIENTAL

1913
MARY LEAKEY
LA EXPLORADORA DE LA HISTORIA

1909
MARGARET MEE
LA ILUSTRADORA DEL AMAZONAS

1920
KATSUKO SARUHASHI
LA PROTECTORA DEL PACÍFICO

RITA LEVI MONTALCINI
LA DAMA DE LA NEURONA

MARIE THARP
LA CARTÓGRAFA DE LO INVISIBLE

MARJORIE SWEETING
LA GRAN EXPLORADORA
DEL KARST

1930
TU YOUYOU
LA FARMACÓLOGA INCANSABLE

ROSALIND FRANKLIN
LA FOTÓGRAFA DEL ADN

2000

1938
LYNN MARGULIS
UNA BIÓLOGA EXCEPCIONAL

1934
JANE GOODALL
UNA ETÓLOGA
REVOLUCIONARIA

1940
WANGARI MAATHAI
LA ACTIVISTA: ÁRBOLES,
JUSTICIA Y PAZ

1939
ADA YONATH
LA QUÍMICA CURIOSA
POR NATURALEZA

1953
GEORGINA MACE
UNA ECÓLOGA PROTECTORA
DE ESPECIES

1943
JOCELYN BELL BURNELL
UNA ASTROFÍSICA EXPLORANDO
EL UNIVERSO

2022